集中力を高める本

まえがき

私の職業は、コミュニケーション研修や講演活動、また、企業や個人の目標達成をサポートする仕事です。

そんな私が集中力に関する執筆をしようと思ったのは、企業や個人が活気づいたり、目標達成や夢の実現には集中力が必要不可欠だと思ったからです。


今の仕事をするようになって、数多くの方とマンツーマンで関り、相談を受けることも多くありましたが、相談内容のほとんどが「実現したい」「達成したい」という前向きなものでした。

ご相談いただく皆様は、もちろんやる気に満ちているので、目標を達成する方法を本気で考え、私もまた本気でぶつかり、サポートを行います。

そして、ほとんどの方が目標達成に向けての素晴らしい方法を見つけて、行動を起こします。

問題はここからです。

見事に夢を掴む人達がいるその一方で、夢を諦めてしまう人もいます。

諦めてしまった人の原因は、ほぼ「行動が長続きしなかった」ということです。

私は、幾度も遭遇したこの場面について考え、そして「集中力」に着目しました。

集中力が続いて行動を重ね、目標達成する人と、集中力が続かなくて行動がストップしてしまう人の差はどこにあるのか、研究を行うことにしました。

私自身、元々は集中力が続き難く、自分の課題としても非常に興味深いテーマでした。

研究を重ねた結果、集中力は根性のある人でも忍耐力のある人でもなく、誰にでも身につけることができる、決して難しくはないスキルであることが分かりました。

今では、集中力を身につけるための講演や研修、学校の授業に取り入れていただく活動などを行っています。

本書では、「気が散って集中できない」「仕事や勉強がすぐに飽きてしまう」「何をやっても長続きしない」「ずぼらだ」などといった方に、すぐに集中力が高まる方法を、場面別に分かりやすくまとめました。私自身が難しい解説や横文字が苦手なので（集中力が途切れます）誰が読んでも簡単に理解でき、実行できるように心がけて執筆しました。

各章の最後に「ポイント&ワーク」として記載するスペースがあります。読み進めるだけではなく、ポイントを読み返して復習し、ワークを行うことで、本書の内容を仕事や私生活に役立てられる仕組みになっています。

一人でも多くの方にこの書籍を手に取っていただき、集中力が高まる喜びと、集中力が人生を変える経験を味わっていただけると幸いです。

もくじ

① 集中力をコントロールできる人が、人生をコントロールできる

「集中力」と聞くと、なんだか眉間にシワを寄せて、肩に力が入って、一生懸命に頑張る！

そんなイメージを持たれる方が多くいるようです。

しかし、実際には集中力とはもっと楽に構えるもので、根性とか忍耐とか、そういったものとは無縁です。後述しますが、集中力とはリラックスした状態で物事を行うことです。

集中力とはありとあらゆるところで必要とされる力です。

資格取得のために勉強したいと思ったら、いかに集中力があるかが、勉強の質を大きく左右します。

スポーツの世界でも、試合中に集中を欠いた方が負けてしまいます。

趣味の世界、例えば将棋や囲碁なども、いかに集中力を持続できるかがものを言います。

もちろん、皆さんが携わっている仕事にも、集中力が大きな影響を与えます。

私は「集中力をコントロールできる人が、人生をコントロールできる」と考えています。

逆を言いますと、集中力に欠けてしまうと、人生を歩む中で生まれる数々の夢や願望に対して、思った通りの結果を得られないとも考えています。

せっかく夢を持ったり、なりたい自分が見つかったとしても、それを実現すべく行動が伴わなければ、残念ながらその夢や願望は実現できません。

実現すべく行動はどんなことでも、やはり集中力が必要不可欠なのです。


集中力を身につけると、起こしたアクションに対する結果の質が良くなります。

また、集中力が身につくと、時間の節約にも繋がるし、物事を毎日のように継続する力も備わります。

集中力を身につけましょう。

集中力を身につけるのは難しいことではありません。

本書を読み終え、できることから始めてください。今よりもっと素敵な人生を送るために踏み出す第一歩となることでしょう。

ポイント＆ワーク

集中力とは、ありとあらゆるところで必要とされる能力である

集中力が必要な場面は、どのような場面ですか？

集中力をコントロールできる人が、人生をコントロールできる

人生の中で、コントロールしたいことは何ですか？

集中力を身につけると、時間を節約する力や継続力が身につく

時間の短縮を図りたいことや、継続していきたいことは何ですか？

②　集中力が途切れるのには必ず『原因』がある

集中力が続かないと、「自分には集中力がないんだ」と諦めてしまう人が多くいます。確かに、人によって集中する力に差がない訳ではありません。小さな頃から集中することに慣れている人は、いざという時に集中力を発揮しやすいようです。

だからといって、集中することに慣れていない人には集中力がないかというと決してそうではありません。

小さな頃、好きな漫画を何時間も読み続けたり、辺りが真っ暗になるまで友達と夢中で遊んだりした経験があるかと思います。

正にその時間は集中している時間です。人は好きなことに対しては無意識に集中するし、集中できる環境下では自然と集中するものです。

集中状態が続かない時は、必ず何かしらの原因があります。その原因を取り除けば自然と集中できるようになってきます。

集中力が途切れる原因は様々ですが、代表的なものを挙げると、

・睡眠不足
・嫌いな事をやる
・悩みやストレス
・環境
・脳の血行が悪い

この様な要因が考えられます。
その詳細と簡単な対策を次に記述します。

【睡眠不足】

人はなぜ睡眠するかというと、一日使った体や心を回復させるためです。そしてその睡眠は脳も正常に動かせるように回復させる効果もあります。

脳を回復させるための睡眠が疎かになってしまうと、集中力も当然落ちてしまいます。物事に集中する時には、脳の前頭葉という部分を使っているのですが、睡眠不足の状態は、前頭葉がしっかりと働けなくなります。

ベストは毎日しっかり睡眠をとることです。しかし、試験前の猛勉強や、仕事の期限が迫っている状況下では、睡眠時間を確保できない時もあります。

その様な時には、15分程度仮眠するだけでも集中力が戻ります。または、職場などで仮眠も取れない場合は、座って数分目を閉じるだけでも効果があります。

目を閉じることで、脳への情報の80％ほどが遮断されます。目を閉じることは脳を休ませることに繋がります。

私は、昼食後ほぼ毎日15分程度の仮眠を取り、午後からの仕事も集中できるように備えています。客先とか出先など、仮眠ができない場合でも、数分間目を閉じて脳の回復に努めています。

【嫌いな事をやる】

嫌いなことに対しては逃げ出したくなるのが人間です。嫌いな仕事や嫌いな勉強は、なかなか集中することはできません。

しかし、嫌いなことから逃げられない時も当然あります。その様な時にはちょっと頭を捻って、目の前の仕事や勉強を楽しむ方法を考えます。

「10分で問題を何問解けるか」とチャレンジしてみたり、「この仕事が上手にできるようになったら、会社からどの様な評価を受けるか」と想像するのも良いかもしれません。

また、「これが終わったら大好きなケーキを食べる」と、自分にご褒美を与えるのも方法の一つです。

※但し、糖分の取り過ぎは急激に血糖値を上げ、急激に血糖値が下がる時に眠気が襲っ

てくるので、注意しましょう。

【悩みやストレス】

大きな悩みやストレスを抱えている状態は、集中力を大きく低下させます。

悩みやストレスを抱えている時には、交感神経が強く働きます。交感神経とは、興奮している時や緊張している時にも働くもので、集中力の妨げとなります。

集中力は、副交感神経が強く働いている時に高くなります。副交感神経とは、体や気持ちがゆったりとしている時に働くものです。

悩みやストレスを抱えている時には、集中力を発揮し難いので、今抱えている悩みを一旦横に置くか、悩みやストレスを解消または軽減することを目指すと良いでしょう。

私は、ストレスがかかっている時には数日間休みを取って旅に出かけたり、趣味のスキューバダイビングで、海中の生き物と触れ合うことで解消しています。

ストレス解消方法は人によって異なります。動物と触れ合うことで癒されたり、映画などで涙を流したり、運動で汗を流したり。きっとあなたにとって最適な方法があるはずなので、見つけてみてください。

【環境】

やる気に満ちていて、集中するぞ！　といくら意気込んでいても、気が散ってしまう環境下では集中力が途切れてしまいます。

環境については後ほどもう一度詳しく書きますが、気が散らないBGMの選択や、外部の誘惑を断ち切ることが望ましいです。

寒い、暑いなど、居心地の悪い環境も集中力が低下します。リラックスして落ち着ける環境を作りましょう。

【脳の血行が悪い】

集中するのに切っても切れないのは脳の働きです。脳が活発に動いてくれないと集中力はすぐに途切れてしまいます。

脳が活発になるためには、酸素やブドウ糖が必要ですが、脳へ大量の酸素やブドウ糖を送るためには、脳内の血行を良くすることが大切です。

脳内の血行を良くする方法は色々ありますが、1週間に3回くらいの有酸素運動や、ウォーキングやジョギングなどの運動も良いとされています。辛く感じないくらいの軽い運動で良いので、少し長めに行います。

私は週に2~3回、スポーツジムで有酸素運動や筋トレを行っています。もちろん健康管理という一面もありますが、集中力コントロールの一環という意味合いも持たせています。やはり、体を動かした後の仕事は集中できてはかどるものです。

ポイント＆ワーク

集中力が続かない、その原因を取り除けば自然と集中できるようになる

集中力が続かない一番の原因は何ですか？

睡眠不足の時↓「15分の仮眠」「眼を閉じて脳を休ませる」

睡眠不足の時に、仮眠や脳を休ませる時間をどこで確保しますか？

嫌いなことをする時→「楽しむ方法を考える」「終わったら自分にご褒美」

やらなければならない嫌いなことについて、楽しむ方法はどんなことですか？
また、それが終わったら自分にどんなご褒美を与えますか？

悩みやストレス→「悩みを一旦横に置く」「ストレス解消法を見つける」

抱えているストレスは何ですか？
また、そのストレスを解消したり、ストレスを抱えないために出来ることはどんなことですか？

気が散ってしまう環境→「ＢＧＭや部屋の温度など、リラックスできる環境を作る」

一番リラックスできて、集中できそうなのは、どのような環境ですか？

脳の血行が悪い→「有酸素運動や軽い運動を行う」

無理なく、生活に軽い運動を取り入れられるとしたら、どんな方法ですか？

③ 超一流選手も意識する「集中力＝リラックス力」の関係

皆さんにとって集中力とはどの様なイメージでしょうか。

「気合を入れて頑張る」とか「しばらく我慢して一つのことを行う」というイメージを持っている方もいらっしゃるのではないでしょうか。

集中力とは、頑張ることでも辛いことでもありません。集中力とは「いかにリラックスした状態になれるか」です。

私には、集中力に関することを教わった師匠がいます。内容は膨大なのですが、そのほとんどは体や頭をリラックスさせることに繋がるものです。

ここで、私の師匠の森健次朗先生を紹介させていただきます。

森先生は、元々はスポーツメーカーのミズノ株式会社でオリンピック競技ウェアなどの開発を行っていた方で、28件もの特許を出願しています。

その中でも一番話題になったのは、シドニーオリンピックで12個の世界新記録を生み、注目を浴びた「サメ肌水着」の世界特許です。

森先生は、ミズノ時代に関わってきたトップアスリートからの学びの多くは「すぐに集中する力」だそうです。

トップアスリートは、試合本番の時に気が散ってしまっては１００％の力を発揮できません。いかに本番に集中して力を発揮できるかが勝負を決めます。

本番の時に集中して力を出せるかどうか、それは「リラックスできているかどうか」です。

トップアスリートが行う「ルーティン」があります。

メジャーリーガーのイチロー選手であれば、バッターボックスに入った際、袖を引っ張りながら、バットの先端をバックスクリーン方向へ向ける仕草を行います。皆さんもテレビを通してイチロー選手のこの仕草を見たことがあるかと思います。

ルーティンは、緊張を和らげて、リラックス効果を高めると言われています。

スポーツ選手は、普段の練習の時から緊張している訳ではありません。練習の時にはリラックスできていても、試合になると緊張して自分の力を発揮できなくなるのが一般のスポーツ選手です。

その緊張を解くために、普段の練習の時にいつも同じ動作をしているルーティンを、試合の時にも同じ動作をしてリラックスします。

イチロー選手ほどの超一流は、ルーティンの数も膨大で、ネクストバッターズサークルの中から、バッターボックスに立つまでの短時間に十数個ものルーティンがあるとも言われています。

我々はそこまでのルーティンは必要ないにせよ、トップアスリートはリラックス状態が本番に集中できて一番力を発揮できることを知っていて、それをルーティンという形で実践しているのです。

私自身、講演や企業研修など、人前で話す機会が年間百数十日ありますが、どれだけ多くをこなしても、人前で話すというのは緊張するものです。

私のルーティンは、過去や未来のことを考えずに小さな点を10秒～20秒間、無心で見つめることです（「過去や未来のことを考えない」ということにつきましては後述します）。

このルーティンは私が普段から仕事を行う前に行っていることなので、平常心を取り戻しやすくなります。

集中力とリラックス力は振り子のような関係です。リラックス側に錘があまり振れていないと集中力側にもあまり振れません。リラックス側に大きく錘が振れると、集中力側にも大きく振れます。

リラックス力が高まれば高まるほど、集中力も高くなるのです。

ポイント＆ワーク

集中力とは「いかにリラックスした状態になれるか」

普段、リラックスできているのはどんな場面で、その時の体や心はどんな状態ですか？

（　　　　　　　　　　　　　　　　　　　）

一流選手も行っているルーティンは、緊張を和らげて、リラックス効果を高めている

ルーティンを取り入れたら良さそうなのは、どんな場面ですか？

また、どんなルーティンが自分に合っていますか？

（　　　　　　　　　　　　　　　　　　　）

集中力とリラックス力は振り子のような関係である

リラックスしている時に集中できていた時はありませんか？
あったとしたら、どんな場面でしたか？

④ 毎日2万回行っていることの中に秘訣あり

「毎日2万回行っていること」と聞くと、どんなことを思い浮かべるでしょうか。もちろんあなたも行っていることで、今、この本を読みながらも行っています。

そう、「呼吸」です。

毎日、無意識に必ず行っている呼吸は、集中力と密接な関係があります。

小学生の時に習いましたが、人間は酸素がなくては生存できないので、呼吸によって体内に酸素を取り入れます。

近年、社会人は「酸欠状態」であると言われています。ストレス社会で働く社会人や、受験勉強に追われる学生の方が行う呼吸は、そのストレスから無意識の内に呼吸が浅くなったり、呼吸が止まっている時間が発生したりしています。

もちろん、この状態は体に良くありません。酸素が不足すると、肩がこる、疲れやすい、などの症状が表れます。

そして、酸素が不足した状態は集中力の大きな妨げにもなるのです。


呼吸によって体内に取り込まれる酸素は、体中の至る部位で必要とされますが、こと脳に関しては他の臓器に比べて10倍もの酸素が必要となります。

呼吸が浅く、脳への酸素供給が不足すると、頭がぼんやりしたり、眠気がやってきたりします。この様な状態では、集中力を発揮することができません。集中力を発揮するにはふんだんな酸素を脳へ送り込む必要があります。


とはいえ、常に深い呼吸を心がけることは困難です。普段浅い呼吸に慣れてしまっている人はなおさらです。いくら気をつけても、気がつけば浅い呼吸に戻っていることでしょう。

そこで、意識したいのが「深呼吸」です。
深い呼吸の最たるもの、一番酸素を取り込むことができる呼吸法です。

私達は普段からよく「深呼吸」を行います。この本を手にしている方で、深呼吸を一度もしたことがないという人はおそらく一人もいないでしょう。
それくらい、深呼吸は我々の生活に密着しているものです。そして、密着しているということは、我々の体や心に良い効果があるのを、経験から理解しているということになります。

深呼吸を行う場面を考えてみると、

・面接や試合など、緊張しそうな場面の直前
・仕事や勉強を始める前
・イライラやドキドキを抑えたい時

・仕事や大事な場面を終えた後

など、様々な場面があります。意識的に行う時もあれば、無意識に行っている時もあります。

いろんな場面で深呼吸をしたくなったり、または自然としているものですが、共通して言えるのは「落ち着きたい時、リラックスしたい時」ではないでしょうか。

深呼吸にはリラックス効果があることが知られています。深呼吸をすると、活発に動いている時やストレスを抱えている時に働いている交感神経が弱まり、休息している時や、落ち着いている時に働く副交感神経が強まります。

集中力は、副交感神経を活性化させ、リラックス状態を保つことが必要不可欠です。心が落ち着き、体もリラックスした状態が集中力を高めるための土台と言えるでしょう。

深呼吸の方法は様々ありますが、これから集中するための深呼吸としては、鼻から息を大きく吸い込むことを推奨します。

その理由の一つは「脳を冷やすため」です。

人間の体は、冷やすと免疫力が落ち、温めると免疫力が上がるので、「体を冷やさないようにしましょう」とよく言います。

しかし、体の中で唯一、温め過ぎると害を及ぼす部位が「脳」なのです。36度から37度になるだけで頭痛が起きるといったような、たった1度単位で体調が変わるくらい脳はシビアです。


鼻からの深呼吸は、このシビアな脳を冷やす働きをします。

鼻から空気が入り込むと、鼻のすぐ上にある脳の温度が下がります（諸説ありますが、口呼吸と比べて0・4度ほど下がるそうです）。鼻から大きく息を吸って、脳を正常な温度に保つことで集中力を高めます。

そして、集中して何かに取り組んでいる最中も、できれば鼻呼吸を意識します。集中して頭を使うと脳が熱を持ちやすくなりますが、常に鼻呼吸を続けることで、エンジンの冷却水のように常に温度を下げる効果があります。

鼻から息を吸い込むもう一つの理由は、口呼吸よりも酸素の供給量が増えるためです。口呼吸から鼻呼吸に変えるだけで20％も多く酸素を供給できるとも言われています。

ちなみに、私の師匠の森先生は、５秒吸って、３秒息を止めて、８秒吐く「5＋3＝8深呼吸」を推奨しています。

鼻から5秒かけて息を吸って脳を冷やし、３秒止めることで吸うことと吐くことのメリハリをつけて、そして嫌な気持ちや体の中にある汚れた空気を吐き出すイメージで８秒かけて口から息を吐きます。

「リフレッシュできた！」というイメージも、集中力を高めるための大切な要素です。

ポイント＆ワーク

深呼吸は落ち着いている時に働く副交感神経が強まり、リラックス効果がある

これから深呼吸を意識して行うとしたら、どんな時ですか？

鼻からの深呼吸は、シビアな脳を冷やす働きがあり、集中力を高める

鼻からの深呼吸を習慣化させるためにできることは、どんなことですか？

深呼吸をし、「リフレッシュできた！」というイメージも集中力を高める要素の一つである

深呼吸時に、「リフレッシュできた！」と強く思うために、どの様な背景をイメージしますか？

［　　　　　　　　　　　　　　　　　　　　　　　　　　　　］

⑤ イチロー　浅田真央　オードリー春日　活躍できる人の共通点は？

スポーツ、ビジネス、趣味など、どの分野においても「一流」と呼ばれる人がいます。様々な分野で活躍している人は、皆輝いています。

不思議なことに、活躍している人は堂々として見えるし、体つき自体が大きく見えたり、視線が上を向いているように見えます。見ていて清々しさすら感じます。

一流の人がこの様な印象を持たれるのは、一つの共通点があるからです。それは、一流の人は皆、姿勢が良いのです。

メジャーリーガーのイチロー選手やフィギュアスケートの浅田真央選手など、スポーツ界の一流選手を思い浮かべると、プレー中はもちろん、歩く姿や会見の時も背筋がピンと伸びています。

堂々たる姿勢のお笑い芸人、オードリー春日さんは、フィンスイミングのワールドカップマスターズ大会で銀メダル、潜水で日本3位、東京オープンボディビル選手権で5位入賞など、芸人とは思えないほどスポーツ界でも活躍しています。

また、仕事で成功を収めている人達も、皆良い姿勢をしています。

安倍総理や小泉元総理なども姿勢が良いし、世界に誇る日本人俳優の渡辺謙さんは背筋が伸びて堂々としており、オーラさえ感じられます。

集中力のみならず、自分の能力を発揮できる人と姿勢には関係があります。

姿勢を正すことは、礼儀や精神面にとってももちろん大切なことですが、集中力を養ったり能力を引き出す上で欠かせない理由があります。

まず、先程記述しました深呼吸や、普段無意識に行っている呼吸は、正しい姿勢だからこそ行うことができます。

背中を丸めた状態で深呼吸してみると実感できるのですが、猫背のような悪い姿勢では、大きく息を吸い込むことができません。脳を活性化させる酸素や、脳を冷やすための空気をふんだんに取り込むことが難しくなってしまいます。

また、深呼吸に限らず普段から無意識に行っている呼吸も浅くなってしまい、酸素を取り入れる量が少なくなってしまいます。

一方、背筋を伸ばした状態で息を吸い込むと、大きく息を吸い込めるのを実感できます。背筋を伸ばすと、息を吸った時に肺が大きく膨らみ、たくさんの空気を取り入れることができます。

たくさん空気を取り込むと、脳を活性化させる酸素を取り込むことができるし、鼻から大きく空気を取り込むことによって、脳を冷やす効果があります。

そして、普段無意識に行う呼吸も深くなります。呼吸が深いということは、一度の呼吸でたくさんの酸素を取り込むので、呼吸がゆっくりになります。呼吸がゆっくりになるというのは、集中力に必要なリラックス力も高くなります。

現代社会は、姿勢が悪くなってしまう場面が多々あります。

まず、仕事でパソコンを使う機会が多くなりました。パソコンを長時間使用するとどうしても猫背気味になってしまいます。

また、スマートフォンの世帯普及率は72％（平成27年調査）となり、自宅でも電車の中でも、どこでもスマートフォンを操作するようになりました。

スマートフォンを長期間使っていると、スマホ首になる恐れがあると言われています。

スマホ首とは、スマートフォンを使用しているときの首の形をいい、頭を下に傾けて首を屈曲している状態です。この姿勢を長期間反復的に行われることによって、首の痛みなど様々な症状が体に起こってきます。

私もスマートフォンを持っていてよく操作しますが、操作する時にはスマホを目の高さと同じ位置で操作するように心がけています。

そうすることによって姿勢が悪くなるのを防げるし、高い位置での操作は腕が疲れるので、長時間に渡って操作する依存からも抜け出せるという副産物もあるような気がしています。

姿勢が悪くなる生活に慣れてしまうと、集中できない自分になってしまったり、やる気の起きない自分になってしまいます。

姿勢を正すことが習慣化されるだけでも、集中力は格段に上がります。

ポイント＆ワーク

一流の人は、良い姿勢を保っている

身近な人で、良い姿勢を保っていて、尊敬できる人は誰ですか？

姿勢を正すことで、脳の活性化に必要な酸素をたくさん取り込むことができる

姿勢を正し、脳を活性化させたい場面はいつですか？

姿勢を正すことが習慣化されるだけで、集中力が格段に上がる

姿勢を正すことを習慣にするためには、どんな方法がありそうですか？

⑥ あなたが過ごしてきた過去、これから起こる未来、すべて捨てよう！

よく、「過去の経験を活かそう」とか「未来に希望を持とう」と言います。

もちろん過去を活かすことや未来のことを考えるのは、より良い人生を送るために大変重要なことです。

しかし、集中力を高めるとなると、過去に起きた出来事や想像する未来が集中力の妨げになってしまうことがあります。


集中力を発揮するには、「今という一瞬に意識を集中させること」が最も大切です。

言葉にすると簡単そうですが、私達の脳の中には今に集中することを妨げるものを持っていて、それらが集中の邪魔をしようとします。

集中を妨げるもの、それが「過去」と「未来」なのです。

私達は過去にたくさんの経験を積んできました。その経験はすべて財産であり、何ものにも代え難いものです。

過去の経験があるからこそ、これから先起こるであろう未来もある程度の予測が立てられます。

過去の経験、未来の予測、どちらも生きていくには必要不可欠なものですが、こと集中力に関してはこれらはマイナスに働いてしまいます。

例えば、人前でスピーチを行う時には、分かりやすく説明するとか、聞こえやすい声のトーンを心がけるとか、今話していることの瞬間に集中することが大切です。

しかし、話しながら「前回のスピーチでは、中盤辺りで話す内容を忘れちゃったんだよな」と過去のことを思い出したり、「この前のように、終盤になってつまづいたらどうしよう」と起きてもいない未来のことを考えたりしてしまうと、今、この瞬間に発揮するための力が分散されてしまいます。

起きてしまった過去や、まだ起きてもいない未来に意識を取られるのではなく、今、やるべきことに集中することが大切です。

もちろん、過去や未来を考えることがいけないという訳ではありません。

「前回のスピーチは大成功だった」という過去があった時には、それを思い出して自信に繋げることはとても良いことだし、未来に起こる不都合が予測できる時には、そのリスクを抑えるための行動を考えることも大事なことです。

過去のことや未来のことを考えるのは、物事に集中するその前です。

集中する前に、過去や未来のことをしっかりと考え、どのように行うのがベストなのかを決定します。ベストがはっきり決められないままの行動は、集中力が落ちてしまいます。

まずは過去や未来のことを考えて、行動を決定する。

決定したら、過去や未来のことは頭から捨てて、今やるべきことに集中する。

この二段構えを行うことで、集中しやすくなります。

そしてもう一点、心に留めておくべきことがあります。

「自分の意志ではどうにもならないことに意識を向けない」ということです。

物事に集中できない人の多くは、「明日雨だったらどうしよう」とか、「この不景気、何とかならないかな」とか、自分ではコントロールできないことばかりに意識が向いています。その意識に力を奪われてしまい、集中力が落ちてしまいます。

実際に個人セッションに来られた方でも、良いパフォーマンスを得られる方とそうではない方の違いは、ほとんどがこの意識の違いです。

良いパフォーマンスを得られる人は、やると決めたら余計なことを考えずやるべきことに集中しますが、良いパフォーマンスを得られない人は、「今まで失敗が多かったから」とか、「うまくいかなかったらどうしよう」とか、過去や未来にとらわれながら行動しています。

自分の力が及ばないことに意識を向けるのではなく、自分が変えられること、行動を起こせる目の前のことに全意識を集中させることで、集中力を引き出すことができます。

ポイント＆ワーク

「今という一瞬に意識を集中させる」ことが、集中力を発揮できる秘訣である

意識を集中させたい「いざ！」という一瞬は、どんな時ですか？

「過去」と「未来」に気を取られると集中できなくなる

今までに、過去や未来のことを考えすぎて集中できなかった経験はありませんか？

過去や未来のことを考えて行動を決定したら、今やるべきことに集中する

「過去や未来を考えるのをやめ、今やるべきことに集中する」これを実践してみたい場面はどんな時ですか？

自分の意志ではどうにもならないことに意識を向けてはならない

今まで、自分の意志ではコントロールできないのに考えすぎていたことは、どんなことですか？

⑦ 好きだった人、好きだった遊びを思い出す

「好きこそ物の上手なれ」ということわざがあります。どんなことであっても人は好きなものに対しては熱心に努力するので上達が早い、という意味ですが、言い換えると「好きなものに対しては集中して取り組めるので上達が早い」ということになります。

過去に大好きだった人のことを思い出してみてください。

その恋愛が良い思い出だったかどうかは別にして、恋愛中は四六時中相手のことが頭から離れなかったり、相手と良い関係を築こうとあれこれ考えたりと、夢中だったのではないでしょうか。

また、過去に大好きだった遊び、テレビゲームや外で遊ぶ野球などを思い出してみると、時間を忘れて無我夢中で楽しんでいたし、いち早く上達しようと一生懸命で、疲れ知らずでした。

過去の思い出を振り返ると分かるように、取り組む対象が好きかどうかにより、集中できるかどうかが決まります。集中とは、大変なことでも、疲弊することでもなく、無我夢中になることです。

「集中できなくて困っている」という状態は、取り組む対象が好きではないということです。

人は、好きなことに対しては集中しようと考えなくても自然と集中しています。

麻雀が好きな人ならお分かりかと思いますが、夜に麻雀を開始して、気づいたらもう朝だった、ということがあります。それは、大好きな麻雀に自然と集中状態に入るからです。

好きな映画に見入っている時は、あっという間に2時間くらいの映画が見終わります。

映画に集中している状態です。

好きでもないものを１００％好きになることは難しいかもしれませんが、好きになれる要素を見つけようとする意識は大切です。


そもそも人間は、気が乗らないことに対しては、否定的な見方をしてしまいます。

勉強しなければならない分野があったとして「どうせこんな勉強したって意味がない」と考えてしまったり、上司から指示された仕事に対して「こんな仕事くだらない」と思ってしまいます。

その様に思ってしまうと、せっかくその中にある楽しい事や、ためになる事に一切気づくことができなくなってしまいます。

気に入っている事や楽しい事は、深く考えなくてもその良さに気づくことができます。

苦手な事や気が乗らない事に出会った時には、その中に眠っている楽しい事やためになることを見つけるチャンスとして捉えましょう。

今まで気乗りしなかった仕事でも「この仕事をこなせる自分に成長したら、今後どんな可能性が広がるんだろう」と考えたら少しはワクワクするし、上司から仕事を指示されても「120%の仕事をして、上司をビックリさせてみよう」と考えたら、少しはやる気が出ます。

前向きになれた分だけ集中力は増します。

そして、今までネガティブな捉え方で嫌々こなしていたことは、終えた後も疲れだけが残りますが、前向きにそれをこなした後には清々しい気持ちになるし、成長を感じ取ることができる自分がいるはずです。

ポイント＆ワーク

好きなものに対しては集中して取り組めるので上達が早い

今まで、好きだったから集中できたことはどんなことですか？

「　　　　」

好きになれる要素を見つけようとする意識を大切にする

なかなか集中できないことに関して、好きになれる要素があるとしたら、どんな要素ですか？

「　　　　」

苦手な事や気が乗らない事は、その中にある楽しい事やためになる事に、今まで気づいてこなかった可能性が高い

苦手な事や気が乗らない事の中から、楽しさや充実さを見いだせるとしたら、どんなことですか?

「　」

⑧「時間に余裕を持って仕事しろ」はウソ！

やることがたくさんあるはずなのに、その膨大な量を見て嫌になって、いつまでも着手できなかったり、あるいは着手できても、期限ギリギリまで時間を使ってなんとか完成した、そんな時があります。

どうせやらなければならない仕事であれば、本当は時間に余裕を持って早めに終わらせてしまった方が後から楽なはずなのに、どうしてもギリギリまで着手できない人は多いはずです。

ここで、一つの法則をご紹介します。

〜パーキンソンの法則〜

第1法則「仕事の量は、完成のために与えられた時間をすべて満たすまで膨張する」
第2法則「支出の額は、収入の額に達するまで膨張する」

イギリスの政治学者、シリル・ノースコート・パーキンソンが1958年に提唱した法則です。

一回読んだだけでは、今一つ理解し難い言い回しですが、意味は難しくはありません。

第1法則の「仕事の量は、完成のために与えられた時間をすべて満たすまで膨張する」は、「期限が決められていたら、その期限ギリギリまで時間を使って仕事をしようとする」という意味です。

第2法則の「支出の額は、収入の額に達するまで膨張する」は、得た収入と同じ分だけ支出しようとする」という意味です。

第2法則は性格や自己管理の仕方によって人それぞれだと思いますが、第1法則は多くの方に当てはまるのではないでしょうか。

17時から19時までの2時間、会議を行うとします。そうすると、2時間全てを使って答えなり方針なりを決定しようとします。

ところが、「今日は17時から18時の1時間しか時間がない！」となると、人は限られた1時間で答えを導き出せるものです。

よく「時間に余裕を持って仕事をしなさい」などと言います。確かに時間に余裕があると、間違いがないかのチェックができたり、心理的な余裕が持てたり、良い一面もありそうです。

しかし、時間に余裕を持つということは集中力の妨げになってしまうのです。

時間を与えられると、人はその時間を目一杯使って良いものと思い、時間をダラダラと使ってしまいます。当然、その様な作業の仕方では集中できません。

なので、まずはいつも設定している時間よりも短い時間を設定して、その時間内に終わらせるように試みるのが集中力を上げる方法です。

時間が余っていると、雑念が湧いてきて集中力が途切れますが、時間がギリギリの場合、雑念が湧く暇がありません。それだけ集中力もアップします。

時間設定とセットで行う、もう一つの大切なことがあります。それは「時間を細かく区切る」ことです。

時間設定は大切ですが、もしその設定が2時間とか3時間とかの長時間になると、さすがに集中力は続きません。そして、終わるまでの時間が遠すぎるために、途中で諦めてしまいたくなります。

頂上が見えなくていつ辿り着くか分からない登山は、とても辛いものです。心が折れるかもしれません。頂上を目視できていると、頑張るぞ！　という気持ちも湧いてくるものです。

この心理を時間管理に応用します。

5時間の間に10の仕事をしなければならない場合、「30分で1の仕事を終わらせるぞ！」と、時間を区切ります。そうすると、終わりは30分先とそれほど遠い時間ではないので、ゴールが見える感覚です。10という大きな山にいきなりチャレンジするのではなく、1という山の登頂の喜びを10回味わいます。

そして、できれば30分頑張った後に、何でも良いので自分に小さなご褒美を与えてください。どんな小さなものでも構いません。チョコを一つ食べられるとか、飲み物を飲むとかです。

自分にご褒美を与えることによって、集中力ややる気を引き出す「ドーパミン」という神経伝達物質が放出されます。そして、また次の30分にチャレンジする気持ちが湧いてきます。

私は、隙間時間に仕事をする時は、空いた時間で終われるかどうかギリギリの仕事を選びます。

余裕を持ってできる仕事は、私もやはり空いた時間を目一杯使ってしまいます。

私の場合、余裕を持っての仕事よりも、限られた時間でテンポ良く仕事を進めた方が、より集中するためかミスも少なくなります。

「ギリギリの時間設定」と「時間を細かく区切る」。2つの時間管理で集中力を大きく引き出すことが可能になります。

ポイント＆ワーク

人は期限が決められていたら、その期限ギリギリまで時間を使って仕事をしようとする

今までに、与えられた時間いっぱいまで使って行っていたことはどんなことですか？

短い時間設定をして、その時間内に終わらせるように試みると集中力が増す

もっと短い時間で終わらせたいことはどんなことですか？

それは何分くらいあればできそうですか？

時間を細かく区切って、ゴールが見える感覚を保つ

今まで道のりが長くて着手できていないものはありますか？
あるとしたら、どのくらいの時間で区切ると進めやすいと思いますか？

時間内に達成できたら小さなご褒美でドーパミンを放出する

一つ前のワークで考えたものを着手するとしたら、一区切り終わる毎にどんなご褒美を自分に与えるとやる気に繋がりそうですか？

⑨ あなたを超一流、超天才に導くフロー（ゾーン）とは

「ゾーン体験」とか「ゾーンに入る」といった言葉を聞いたことはあるでしょうか。ゾーンとは、簡単に言うと〝極度の集中状態〟にある時のことを指します。

最近はテレビや本などでもよく聞かれるようになったゾーンという言葉ですが、主にスポーツの世界で多く使われます。スポーツ以外ではゾーンの他に「フロー」とも呼ばれます。

フローとは、アメリカの心理学者ミハイ・チクセント教授が提唱された心理学概念で、仕事などをしている時に、活力にあふれた状態で集中する、完璧にのめりこむ、無心になって取り組むといった感覚に入っている精神状態のことです。

フローに入った状態は、自分の持つ能力を最大限に発揮することができます。スポーツでいえば、これから打つボールが一瞬止まって見えるとか、事務仕事で言えば、効率良く勝手に手が動く、という状態です。

フロー理論は、突き詰めていくと、それだけできっと本が一冊書けるほど膨大な内容になりそうですが、特に押さえておきたいことは、フローに入るには「自分の持つ高いスキルをフルに使ってチャレンジしたことが、ギリギリ何とか成し遂げられる」状態にあることです。

低いスキルでクリアできる仕事も、高すぎて成功が難しすぎる仕事も、なかなかフロー状態には入れません。

この理論は、⑧で記述しました「時間を区切る」という考え方に密接に関係します。

先述したパーキンソンの法則の第1法則は、「仕事の量は、完成のために与えられた時間をすべて満たすまで膨張する」でした。

予定の時間を多く取ると、その時間すべて使おうとしてしまいます。フローに入るには逆に、完成のために使える時間を極限まで短くします。ギリギリ達成できるかどうか、微妙な時間を設定することによって、自分のスキルをフルに使って完成させようとし、フロー状態に入りやすくなります。

この様に「ギリギリ何とか成し遂げられる」状況を作るのがフロー状態に入りやすい環境ですが、それだけではなく、集中できる環境が重なれば重なるほどフロー状態に入りやすくなります。

スポーツ選手がフローに入る時は、

・勝てるかどうかギリギリの強さの相手
・周りの歓声
・快適な天候
・万全な体調とメンタル

といったような、集中しやすい環境が複数重なった時にフローに入りやすくなります。

私は学生の時、アーチェリー部の部長を務めていました。

アーチェリーは集中力がものをいう競技です。

私の出身は北海道釧路市ですが、同じ学生が集まる北海道全体の大会で準優勝の経験があります。

振り返ると、フローに入るすべてを満たしていたのだと思います。

そして、今でも鮮明に覚えていることがあります。

準優勝だった大会は、競技終盤ギリギリまで一位の成績だったのが、最後の最後に自分と同じ学校の先輩に追い抜かれて二位に終わりました。

試合終盤で「本当に先輩を差し置いて優勝できるのだろうか」と、競技以外のことに意識が向き始めたのです。

そこできっと実力通りの力が出せなくなったのでしょう。終盤に思いがけぬミスを連発し、逆転されてしまったのです。

フローを満たす条件の「万全な体調とメンタル」のメンタルの部分が欠けた結果です。

当時はとても悔しかったのですが、今こうして、本書にこの事例を書けているのはありがたいことなので、まあ良しとしましょう（笑）。

すべて完璧な環境を作り出すことは難しいですが、集中しやすい環境を多く組み合わせることによって、フローに入りやすくなり、良い結果を得ることができます。

ポイント＆ワーク

「ギリギリ何とか成し遂げられる」状況を作るのがフロー状態に入りやすい環境

普段行っていることで、もっと時間短縮をするとフロー状態に入れそうなことはどんなことですか？

［　　　　　］

集中しやすい環境を多く組み合わせることによって、フローに入りやすくなる

一つ前のワークで考えたことを、よりフローに入りやすくするためには、どんな環境変化の工夫ができそうですか？

［　　　　　］

⑩ スマホの三重対策『切る』『離す』『仕舞う』

スマホ（スマートフォン）が気になって仕事や勉強に集中できない。といった悩みを抱えている人が多くいます。

言うまでもありませんが、スマホはとても便利なものです。

電話の発着信はもちろんのこと、分からないことはすぐに調べられるし、友達とすぐに連絡が取れるし、音楽も聞けるし、ゲームやＳＮＳなどを楽しむことができます。

これだけの機能が詰まったスマホ。言い換えると「集中力遮断マシン」なのです。

何かに集中したい時には、真っ先にスマホ対策を行うべきと言っても過言ではありません。

「スマホ依存」が問題視されている現代社会ですが、以下のような行動を行っていると、スマホへの依存度は高いと言わざるを得ません。

・寝る直前に布団の中でスマホを見ている
・歩きながらスマホを操作する
・着信やメールがあったと思ってスマホを見たら勘違いだった
・別の部屋にスマホを置いてあったら、スマホを使う用事もないのに取りに行く
・誰かと一緒にいるのにスマホを操作する
・食事中、運転中、入浴中にもスマホを操作する

これらの行動は依存の傾向があると同時に、「集中力を欠く行動」とも言えます。

寝る直前は、脳は寝る準備に集中したいのに、スマホの操作が邪魔をします。

食事中は、体は食べることや味わうことに集中したいのに、スマホの操作が邪魔をします。

決して体に良い行動とは言えません。

しかしながら、現代社会にあって、スマホが便利で手放せないのも事実です。若い世代はスマホを使用する時間が長いと言われていますが、原因は依存以外にもあります。

かつて各家庭にパソコンが普及する前、西暦二千年以前は、仕事をスムーズに進めるためや、生活の質を向上させるためのアイテムがたくさんありました。

・電卓
・ラジカセ
・CD、DVDプレーヤー
・ビデオレコーダー
・地図

・ボイスレコーダー
・カメラ、ビデオカメラ
・ワープロ
・電話
・手帳
・時刻表
・本、辞書
・ラジオ
・時計
・家計簿

数え上げるとキリがありませんが、これらが次第にパソコン一台で事足りるようになり、今やパソコンがなくてもスマホ一台ですべてを賄える時代にあるのです。

単純にスマホを操作する時間が長い＝スマホ依存と決めつける訳にはいきません。スマホの便利な機能は十分に恩恵を受けながら、集中力を欠くことのない様工夫をする必要があります。

何か作業に取りかかる時には、まずはその作業にスマホが必要かどうかを判断します。もし、読書や単純作業など、スマホが完全に必要のないものであれば、スマホを操作できないように隔離します。

隔離も二重、三重にできると、物理的にも操作できないし、その覚悟が一層集中力を高めます。

スマホの隔離は、『切る』『離す』『仕舞う』の三重で行います。

1　『切　る』　スマホの電源を切る
2　『離　す』　スマホを目の届かない別の部屋に置く

3『仕舞う』 別の部屋の、引き出しや押し入れなどに仕舞う

2と3は、同じことをしているように感じますが、敢えて3の「スマホを仕舞う」という行動が、これから集中するぞ！ という気持ちの切り替えに繋がります。ここまでスマホを隔離できると、さすがにわざわざスマホを取りに行って、電源を入れて操作するということはなくなります。

そして、もう一つ大事なことは、「定期的に電源を入れに行く」ということです。

矛盾のようにも感じますが、スマホ依存であればあるほど、スマホを隔離した途端に不安感でいっぱいになります。着信やメールが来ているのではないかと頭をよぎり、目の前の作業に集中できなくなってしまいます。

その不安感を払拭するためにも、時間を区切って定期的にスマホのチェックをしに行きます。

「30分経ったら休憩してスマホを見に行く」「この作業が終わったらスマホをチェック

する」といったように、区切りをつけてスマホのチェックをすることも、集中するには欠かせない行動です。

もしこれから行う作業が、スマホが必要な作業であれば、以下のことを検討してみてください。

・スマホ以外でも代用が利くアイテムを使う
・作業専用のスマホを用意する
・スマホ自体に注意喚起を施す

【スマホ以外でも代用が利くアイテムを使う】

・スマホの電卓の機能　↓　本物の電卓
・スマホで音楽を聴く　↓　ミュージックプレーヤー

・スマホの時計やタイマー　↓　本物の時計やストップウォッチ

【作業専用のスマホを用意する】

どうしてもスマホが必要な場合、作業専用のスマホを購入します。スマホは新品を購入すると高価ですが、作業専用のものであれば、型落品や中古品で十分な場合がほとんどです。数千円で購入できます。ネット接続も自宅の Wi-Fi を使えば無料で使うことができます。作業専用のスマホは、余計なアプリを入れないように注意します。

【スマホ自体に注意喚起を施す】

どうしてもスマホが必要で、尚且つ作業専用のスマホを用意するのが難しい場合は、普段使っているスマホを使用することになります。その場合には、なるべく余計な操作をしないように様々な工夫を凝らします。

・待ち受け画面に「集中！」という文字を表示する
・普段使っているゲームやネットサーフィンのアプリを、「依存」と名前をつけたフォルダの中に入れる
・スマホ操作を制限したり、操作時間を計るアプリを入れる（現在は依存脱却のための様々なアプリが開発されています）

様々な方法を紹介しましたが、自分に一番合いそうな方法でぜひ試してみてください。

ちなみに私は、「Forest」というアプリを使っています。

このアプリは、時間を設定し、その時間だけ操作しないで過ごすと木が増え森が成長していくというゲーム感覚のアプリです。スマホに触ろうとすると「有意義なことに専念すべし！」とか「早く他の事をしてきな！」と、なかなか強く叱られる、刺激のあるアプリです（笑）。

いろいろな方法を書いてきましたが、やはり一番良いのはスマホを使わないで隔離することです。スマホがなくてもほとんどの作業は何とかなるものです。

ポイント＆ワーク

スマホ依存と言われる行動は、集中力を欠く行動である

今まで、スマホがあることによって集中できなかったことは、どんなことですか？

［　　　　］

スマホが必要ではない作業を行うときは、スマホを物理的に遠ざける

今後、集中したい時はスマホをどこに遠ざけますか？

スマホの機能が必要な作業であれば、「代用が利くアイテム」「作業専用のスマホ」「スマホに注意喚起」などを検討する

スマホの操作が必要な時、集中力を奪われないためにスマホにどんな工夫を凝らしますか？

⑪ 時間・人間関係・お金・集中力 を奪う『ネット』から自分を守る

先程のスマホが原因で集中できないのと類似して、パソコンを使っている時についついインターネットを見てしまい、集中できないといった悩みを抱える方も多くいます。

スマホと同様、インターネットは便利なもので、分からないことはすぐに調べられるし、欲しいものは何でも購入できるし、動画や音楽で楽しむことができるし、今では生活になくてはならないものになりました。

生活に密着しているインターネット。それだけに依存してしまう人も後を絶ちません。とある調査では、「インターネット依存症（ネット依存症）」の疑いがある大人は国内で約421万人に上るとも言われています。

インターネットによって、我々は便利さや楽しさを得ることができましたが、依存してしまうことで、失ってしまうものは計り知れません。

まず、時間が奪われてしまいます。目の前にインターネットができるパソコンがあるせいで、普段は30分で終わる仕事が、２時間もかかってしまった、ということもあります。

人間関係も奪われます。

インターネットは、全世界の人と繋がることができます。しかも、リアルな世界では不可能な「自分が繋がりたい人だけを選ぶ」ことができます。嫌な人を排除することができるネットの世界の楽な人間関係に依存してしまい、実社会での人間関係を疎かにしてしまったり、断ち切ってしまうこともあります。

さらに、お金も奪われてしまいます。

「買い物依存症」という心の病があります。いくつかの心理的な要因がありますが、特に多いのが、寂しさや孤独感を埋めるためです。

インターネットに依存すると、実社会の人間関係が疎かになり、孤独感を覚えます。そして、目の前にある、何でも買えるインターネットでの買い物につい手を伸ばしてしまい、大切なお金がみるみる無くなっていきます。

そして何よりも、ネット依存はこの本の趣旨でもある集中力が奪われます。

目の前に、一瞬にして世界中に繋がることができたり、興味のあることを調べたりできるインターネットがあることで、常にそれが気になって、やるべきことに集中できなくなってしまいます。

この様に、便利ではあるけれど、依存することで我々から様々なものを奪ってしまうインターネット。特に集中力が奪われることで学力が低下したり、仕事の効率が下がってしまうことを何とか避けたいものです。

インターネットが集中力を奪う原因は、先述したスマホによる集中力低下と類似していますが、ここでは、スマホ＝持ち歩き端末、インターネット＝自宅に設置しているパソコン、と区別して考えてみます。

まずは、何か作業していてもすぐにインターネットを見てしまう一番の原因は、当たり前ですが目の前にインターネットができる状況があるからです。一番手っ取り早いのは、ネットに繋がっているＬＡＮケーブルを抜く、或いは Wi-Fi を切ることです。

しかし、会社のパソコンだったり、今行っている作業がネットに繋がっていないとできないものだったり、物理的にネットを遮断するのが難しい環境なこともあります。

その様な時は、普段使っているパソコンとは別に、仕事専用のノートパソコン等を持つことです。そして、仕事に必要な最低限のアプリだけをインストールします。もちろんブラウザに好きなサイトのお気に入り登録などはしません（パソコンに詳しい方は、余計なアプリやお気に入りを登録できない設定にするのも良いでしょう）。

「今パソコンを持っているのにもう一台買うなんてもったいない！」と思われる人もいるかと思いますが、今はノートパソコンの価格もずいぶん安くなりました。それなりの機能で十分であれば、数万円から購入することができます。

数万円でももったいない、と感じる人もいるかもしれません。しかし、今までインターネットの依存のせいで失った時間はきっと、数百時間、数千時間。自分の人件費をお金に換算すると、時給1，000円と考えて、1，000時間ネットに奪われていたとしたら、100万円の損失です。そしてこの損失は、これからもどんどん増えていきます。

そう考えると、依存から少しでも逃れるためのパソコン購入は非常にお得な買い物と言えます。

私は、出先での仕事はほとんど執筆活動ですが、使っているパソコンは2万円台で購入したものです。もちろん何の問題もなく使えていますし、講演でプロジェクターを通して画面を映す時にも重宝しています。すごい時代になったものです。

何らかの理由で、どうしても一台のパソコンで遊びも仕事も併用しなければならない場合、まずはインターネットの何に一番時間を割いているかを把握します。一番割いているものから離れることが依存脱却の近道です。

特に依存しやすい代表的なものは、

・SNS（ソーシャル・ネットワーキング・サービス）

・オンラインゲーム

です。この2つについて、以下に依存脱却のおすすめの方法を記載します。

【SNS】

SNSとは、人と人との繋がりを支援するサービスです。代表するものにフェイスブック、LINE、ツイッターなどがあります。大変便利なものですが、依存しやすく注意が必要です。すぐに見てしまう原因の一つは「通知機能」です。ほぼすべてのSNSには通知機能があります。フォローされたり、誰かが投稿したり、友達になったりすると通知されます。まずはこの通知機能を一切ＯＦＦにします。また、ＳＮＳが気になるもう一つの原因は、自分が投稿した後の反応です。なので、自分の投稿の回数を「一日一回まで」など、制限するルールを設けます。

また、ＳＮＳを通して様々な人とコミュニケーションを取ることができますが、いくらＳＮＳ上で親しい仲になったとしても、実際に会って行うコミュニケーションが一番大切だということを忘れないことです。

ＳＮＳに嵌っている、と感じたら、意識してリアルな世界を楽しむことです。ＳＮＳよりも実際に人と会ったり出かけたりする方が充実するということを自分にインプットすることが大切です。

ＳＮＳは、楽しいとはいえ、自分に入ってくるのは文字情報や画像や動画の情報に過ぎません。一歩外に出ると、友達の生の声や表情、美味しい食べ物、心地良い空間、楽しいアクティビティなど、ＳＮＳの比ではない楽しみがあることを意識しなければなりません。

【オンラインゲーム】

オンラインゲームは非常に依存度が高いと言われています。そして、生活が乱れるどころか、「不登校」「離婚」「退職」「借金」の原因になるなど、生活が破たんするという表現の方が適切なほどオンラインゲームの依存は怖いのです。

オンラインゲームからの脱却は、ずばり「アカウント（登録）の抹消」です。依存している人にとっては非常に辛い選択です。しかし、厳しい書き方になりますが、アカウント削除が辛いと感じている自分は依存症に陥っているということを自覚しなければなりません。オンラインゲームに嵌ると、その世界が自分の世界と勘違いしてしまいます。ですが、それは違います。オンラインゲームは、お金をつぎこんで、価値を生まないデータのやり取りをしているだけのものなのです。

もしも「今まで○○万円も課金したのに、アカウントの抹消だなんてもったいない！」と感じたら、同時にオンラインゲーム中毒だと自覚することです。アカウント抹消がもったいないのではなく、抹消しないでこれからもお金と時間を奪われながらオンラインゲームに嵌っていく方が何千倍ももったいないのです。

依存の原因は様々ですが、共通して言えるのは、インターネットを始める前に「なぜ今インターネットを行うのか」と、「インターネットを何分行って、何時に終えるのか」を明確にしておくことです。

ネットに限らず、何気なく行ったことは終わりも曖昧です。始めと終わりをしっかりと決めることでメリハリある行動を行うことができます。

ポイント＆ワーク

インターネットの依存で奪われるもの【時間】【人間関係】【お金】【集中力】

今まで、インターネットの依存によって奪われたモノはありますか？

あるとしたら何を奪われましたか？

パソコンで作業を行う時は、ネットに繋がらないようにするか、作業専用のパソコンを用意する

これからパソコンで作業をする時には、ネットに繋がらないようにどんな工夫をしますか？

SNSからの依存脱却→SNSよりも実際に人と会ったり出かけたりする方が楽しいということを自分にインプットする

SNSをただ見ているだけよりも、もっと楽しいことはどんなことですか？

オンラインゲームからの依存脱却→ずばり「アカウント(登録)の抹消」

オンラインゲームはあなたにマイナスの影響しか与えないことを理解しましたか?

また、アカウントを削除するために手伝ってくれる人や環境を変えるなど、どんな工夫ができそうですか?

⑫ デスクワークでの集中力の秘訣！『視界』『姿勢』『時間』『音』

デスクワークを行っていたはずが、気がついたら他のことをやっていたり、ボーッとしていた、ということがあります。

デスクワークや、その他の仕事や勉強など、集中力を高めたい時には、まずは自分が集中しやすい体制を整えます。

特に、先述した「深呼吸」と「姿勢を正す」は、デスクワークを行う前にはぜひ実行してください。

正しい姿勢での深呼吸は、脳へ酸素をたくさん送り込むことができます。活性化された脳は、集中力を高めてくれます。

デスクワークを行う際に集中力を発揮する秘訣は『視界』『姿勢』『時間』『音』の４つです。環境を整えるよう次の４点を実行してみてください。

・視界に入るものを減らす
・姿勢、机の高さ等を整える
・時間を設定する
・音を入れる

【視界に入るものを減らす】

脳は、視覚や聴覚など、体の様々な感覚から得る膨大な情報を処理しています。特に、視覚から入る情報は80％以上とも言われ、目で見た情報が次々と脳へ送られます。

集中力を高めたい時には、余計な情報は極力見えないように工夫します。例えば、よくパソコンのモニタの周りに付箋をたくさん貼っている人がいますが、パソコンの画面を見る度に付箋の情報が入ることが、集中力の妨げになってしまいます。

もちろん、先述したスマホ対策も行うことが重要です。電源を切ることも有効だし、さらに言うと、電源を切るだけではなく、スマホが視界に入らないように遠ざけます。

電源を切るだけでスマホが視界に入る状態だと、「着信やメールが来てないかな?」など、余計なことを考えるきっかけになってしまいます。

その他、自分が気になりそうなものはすべて視界に入るところには置かないようにします。

【姿勢・机の高さ等を整える】

姿勢についても先述しましたが、普段使っている椅子や机の高さが体に合っていないと、長時間姿勢を正したまま仕事を続けるのが困難になってしまいます。

椅子と机の高さをチェックしてみましょう。椅子は両足が床に着くくらいの高さに、机の高さは、肘をついて腕が90度くらいに曲がっているのがベストです。

そして、パソコンを使う場合、キーボードとモニタの位置も重要です。

キーボードは、90度に曲がった腕の先に自然に指が届く位置に配置します。モニタは、なるべく目線と同じ高さに配置します。

ノートパソコンの場合、キーボードやモニタの位置調整が難しいですが、別売りのキーボードやモニタを接続して位置の調整をすることも可能です。

また、椅子を使わず床に座っての作業は腰や背中が疲れてきて、集中力の妨げにもなるし、体の負担も大きいです。どうしても床に座っての作業が避けられない時は、少しでも体への負担を減らすために、正座用の椅子や低座椅子を使うなど、工夫してみましょう。

【時間を設定する】

⑧で時間を区切る大切さについて説明しましたが、デスクワークでは特に重要です。デスクワークを行う人に多く見られるのが、時間で区切るのではなく仕事量で区切る人です。確かに「10枚原稿を書いたら休もう」など、仕事量でも区切りはつけやすいのですが、仕事量で区切ってしまうと、集中力が欠けた状態でもダラダラと仕事を続けることになってしまう可能性が高くなります。

当然、集中力が欠けた状態の仕事は質も低下するし、時間も余計にかかってしまいます。

仕事量で区切るよりも、先述したパーキンソンの第1法則「仕事の量は、完成のために与えられた時間をすべて満たすまで膨張する」に従って、「○時までに○枚原稿を書こう」と時間を設定して区切った方が集中して仕事に取り組むことができます。

【音を入れる】

静かな部屋の中など、外部からの音をシャットアウトした方が集中しやすいという人も多いかと思いますが、実は音はあった方が集中力が増すのではないかと言われています。

プリンストン大学の心理学者、ヴァーノンらによって、完全に静かな場所では集中しにくいということが研究で明かされています。

実際私も、音についていろいろ試しましたが、完全な無音の中での仕事は、仕事とは関係のないこと（晩ご飯や趣味のことなど）が頻繁に頭に浮かんできました。

適度な音楽や雑音はあった方が集中力は増しそうです。

音を入れる方法は、音楽やラジオなど様々ですが、歌詞付きの曲や音声の入るラジオ番組は、内容が気になるので避けた方が良いでしょう。

おすすめは、歌詞の入らないBGM、しかもあまり興味のないジャンルを選択することです。私は、クラシックやジャズをかけています。私は、クラシックやジャズの教養があまりありません。

他にもおすすめとして、自然の音が収録されたCDや、ある程度人が入っているカフェなども適度な音があり集中力アップに効果がありそうです。

ポイント＆ワーク

デスクワークでの集中力は、まずは「深呼吸」と「姿勢を正す」

これから、いつのタイミングで深呼吸と姿勢を正しますか？

【視界に入るものを減らす】集中力の妨げになるものは視界に入れない

デスクワークで集中力の妨げになりそうなものは何ですか？

そのものは今後どうしますか？

【姿勢・机の高さ等を整える】椅子や机の高さが体に合ったものを使用する

今使っている椅子や机の高さは体に合っていますか？

合っていない場合、どのように調整しますか？

【時間を設定する】 仕事量で区切らないで時間で区切る

「○○時までに△△の仕事を行う」など、時間で区切れそうなデスクワークはどんなことですか？

【音を入れる】 集中力の妨げにならない音（音声が入らないもの・興味がないもの）を取り入れる

集中力を高めるために、用意できそうなＢＧＭや音などはありますか？

⑬『読書力アップ＝集中力アップ』の相乗効果を得る

言うまでもありませんが、読書にはたくさんのメリットがあります。今まで知らなかった世界に触れることができるし、知識も豊富になります。また、いろいろ考えながら読み進めるので想像力も高まるとも言われています。

読書の良い所は挙げるときりがありませんが、いざ読書をしようとすると集中力が続かなく、読み進められなくて困っている人も多いのではないでしょうか。

読書と集中力には相互関係があります。

読書をすることによって集中力が高まります。読書は一部のイラスト等を除けば、ほぼ文章だけの情報を頼りにインプットするので、文章のみに集中することになるからです。

そして集中力が高まるほど読書も長く続けられるようになります。読書は集中力のトレーニングでもあり、集中力は読書を長く続けるためのトレーニングでもあります。読書力アップ＝集中力アップの相乗効果を期待することができるのです。

③で「リラックス力が高まるほど、集中力も高くなる」とお伝えしましたが、読書をしている時は、特にリラックス力が高い状態にあります。自分のペースで文章を読むだけという、高いリラックス状態にあるので、集中力を高めるには絶好の機会と言えるでしょう。

とはいえ、普段読書を苦手としている人が、いきなり何時間も読書を続けることはとても困難なので、ここでは誰でも実行できそうな、読書に集中しやすくなるコツを4点お伝えします。

・まずは読みたい本から始める
・読み終える時間を決める
・複数冊を平行読みする

・毎日少しだけ読む

【まずは読みたい本から始める】

よく言われることですが、読書が苦手な方や長く続かない人は、自分が興味のある分野の本や、好きな本から読むようにした方が集中して本を読めるようになります。⑦で「好きなところを見つける」と説明しましたが、好きなことに取り組んでいる時こそリラックスができていて、集中ができている時です。

まずは読み進めやすい好きな本から取り組んで、読書に向き合う集中力をどんどん養います。

【読み終える時間を決める】

読書を頑張ろうと取り組む人の多くは、1ページでも多く読もうとします。しかし、その読み方は本を読み終えることがゴールとして目標設定されます。もちろん最終的には完読できた方が良いのですが、完読は目標が遠すぎて途中で飽きてしまったり、どんどん読み進めることが目的になってしまい、本の内容に集中できなくなってしまうこともあります。

本を読み始める前に「今日は○○時まで」と、読み終える時間を設定することで、今日の読書のゴールが近いところになるので、読書に集中することができます。もちろん、読み終える時間がきても、もっと読みたい気持ちが高ければ、読み進めてかまいません。

【複数冊を平行読みする】

大好きな本や、相当集中できる内容の本であれば、1冊の本を一気に読み進めることができますが、そうでなければ多少好きな本でも読み進めているうちに飽きがくることもあります。

そんな時は、複数冊の本を並行して読み進めることで、頭をリフレッシュしながら本を読み続けることができます。

例えば、1冊の本を20ページくらい読んだら、違うジャンルの本を20ページくらい読む、といったような読み方です。

並行読みは私の経験上、次の点に注意すると、より集中して読みやすくなります。

・「○○ページ読んだら違う本を読む」といった明確なルールは設けず、何となく飽きて来たら交代、といった切り替え方の方がリラックスして読むことができます。

・並行して読む本は2～3冊に留めておきます。5冊も6冊も並行して読むと、頭がごちゃごちゃになりやすくなります。また、どの本もなかなか読み終わらないのでストレスになります。

・読む本のジャンルはなるべく違うものにします。似たようなジャンル、例えば小説同士を並行して読むと、登場人物やストーリーがごちゃごちゃになってしまい、訳が分からなくなってしまいます。

・集中して読み進められる時は、無理に違う本に切り替えません。「そろそろ違う本に切り替えなければ」など考えながらの読書は集中の妨げになります。集中できている時は、その本をどんどん読み進めてください。

【毎日少しだけ読む】

「三日坊主」という言葉があります。飽きっぽくて長続きしないことです。三日坊主の原因の一つは、今までやってこなかったことを急にやりだすことで、潜在意識が今まで通りの生活に戻そうとストップをかけることです。

集中力というよりも継続力の話になりますが、毎日何かを続けようと思ったら、最初は頑張らないことです。最小限の行動でコツコツ毎日続けます。

読書だったら、毎日寝る前に3ページだけ目を通すとか、通勤電車の中でとりあえず読みかけの本を開いてみるとか、潜在意識が「生活が変化した」と思われない程度の行動に留めます。

そして毎日少しずつ読書の量を増やしていきます。一日につき半ページだけ読む量を増やすとかです。少しずつ増やしながら、潜在意識には「そんなに生活は変化していないよ」とだましながら継続していきます。潜在意識は、2～3％の生活の変化は、変化と受け止めないそうです。

その様な生活を数週間続けていると、今度は毎日読書をすることが習慣化されて、読書をしない日の方が何だか心地が悪いように感じてきます。そうなるとこっちのものです。読書が習慣化されることで集中力も鍛えられます。

ポイント＆ワーク

読書と集中力には相乗効果がある

読書によってリラックスできる本は、どんなジャンルですか？

【まずは読みたい本から始める】好きな本から取り組むと集中力が増す

まずは何の本から読み始めますか？

【読み終える時間を決める】ゴールとなる時間を設定することで集中することができる

一日に何分間読むことにしますか？

「　」

【複数冊を平行読みする】頭をリフレッシュしながら本を読み続けることができる

並行して読む本は、何の本にしますか？　1冊ですか？　2冊ですか？

「　」

【毎日少しだけ読む】毎日何かを続けようと思ったら、最初は頑張らないこと

読書を続けるために、最初は読む量をどの位に抑えますか？

「　」

⑭ 苦手な教科も好きになる！　勉強での集中法

もし、今この本を学生の方が手に取っていただけているとしたら、勉強に集中できないというのはほとんどの人にあてはまるのではないでしょうか。

学生の時から集中力を発揮できる方法を身につけ、いつでもバリバリ勉強をこなすという人は滅多にいないかと思います。

また、社会人の方で、資格取得や会社からの指示などで久々に勉強をする人は、学生の時よりも更に集中できなくて困っている人も多いのではないでしょうか。

勉強は、得意な教科や好きな分野では集中できても、苦手な分野となるとたちまち集中できなくなってしまいます。

先述しましたが、人は好きなことに対しては集中できます。好きなスポーツは何時間でもできるし、好きな遊びは何時間でも夢中になります。

勉強に集中できなくて困っている人は、きっと苦手な分野の勉強かと思うので、ここでは苦手な分野の勉強に集中する方法をご紹介します。

集中力を発揮させる方法を色々な角度から4つご紹介しますので、すべて実行するか、自分が一番集中できそうなものを選んで取り組んでみてください。

・好きな分野から勉強を始める
・きりの悪い所で休憩する
・休憩中は頭を使わない
・苦手な分野と得意な分野の関連を見つける

【好きな分野から勉強を始める】

勉強しなければならないことが全部で10あるとして、その内の1つか2つでも、自分の好きな教科や興味が沸く分野から取り組んでみてください。好きな分野の方が着手しやすいからです。

好きなことから始めて、全体の1割から2割くらいの勉強を終えると、まだ手を付けていない部分も着手したくなるものです。

心理学者のクレペリンは、「やる気を起こすためにはまずは動いてみる」ということを発見しました。この現象を「作業興奮」と名付けました。

作業興奮とは、手足を動かしたり脳を動かすことで、側坐核《そくざかく》（脳に存在する神経細胞の集団）が刺激され、ドーパミンと言うやる気の成分が分泌される現象です。

作業興奮は、勉強のみならず、家事や仕事などを始める時など、あらゆる場面で活用できる方法です。

私は毎朝ブログを書いていますが、書きたいとか書きたくないとかの気持ちを一切無視して、まずはブログの投稿ページを開くことが日課になっています。投稿ページを開くことで「今日も記事を書こう」と、ほぼ毎日スイッチが入ります。どうしてもスイッチが入らない日は、一旦他の仕事をしてから、再度取り組んでみるという方法を取り入れています。

作業興奮を引き出すために、一番手っ取り早い方法が、好きなことから始めることです。

【きりの悪い所で休憩する】

勉強に休憩は不可欠です。脳を酷使させながら長時間頑張るよりも、時折休憩を挟んで集中力を復活させながらの勉強の方が、遥かに効率的です。

休憩は、きりの良い所で挟む人がほとんどですが、きりの良い所よりも、きりの悪い所で休憩を挟んだ方が、休憩後にすぐに勉強に集中することができます。

きりの良いところで休憩を挟むと、勉強の再開時にはまた新たな問題から始めることになります。脳は何かを一から始める時に一番パワーを使うので、なかなか勉強に取り掛かれなくなる恐れがあります。

ツァイガルニク効果という心理学用語があります。「脳は『未完了』の状態を『完了』

させようという働きがある」という効果です。

例えば、テレビドラマの終わりは、中途半端な状態で次週に持ち越しますが、そうすることで、来週も見たい！　という気持ちになることが分かっていて、次週の視聴率アップを狙っています。これもツァイガルニク効果を使った作戦です。

勉強の休憩も同じで、問題を途中まで解いたところで休憩を挟むと、休憩後には半端になっているその問題を解いてしまいたくなるので、すぐに勉強に集中することができます。

【休憩中は頭を使わない】

当然ですが、勉強中の休憩は脳を休ませるために行います。しかし、よくやってしまうのが休憩中に好きな本を読んだり、ゲームをしたり、スマホを操作したり……これらは逆に脳を疲れさせてしまう行動です。勉強以外の違う行動は気持ちの切り替えにはなりますが、なるべく脳に負担をかけない行動を心がけます。

例えば、15分くらい仮眠を取る、甘いものを少しつまむ、コーヒーやお茶を飲むなどです。

また、勉強の休憩は、頭は休めた方が良いですが、体は少し動かした方が良いでしょう。ずっと座った状態でいると、首や腰に負担がかかっていたり、動いている時よりも血流が悪くなっています。

休憩中は必ず一度立ち上がって、ストレッチや少し歩くなど、体を動かすことでリフレッシュができて、血流も良くなり、休憩後にすぐにまた勉強に集中しやすくなります。

【苦手な分野と得意な分野の関連を見つける】

苦手な分野の勉強はなかなか集中しにくいし、覚えたり身につけたりするのにとても苦労します。

人は好きなことはすぐに身につきます。

自動車が好きな人は次々に発売される自動車の名前をすべて覚えていたり、サッカーが好きな人はサッカー選手の名前を全員言えたりします。好きなことは苦労せずとも次々と身に付いていきます。

世の中には無数の学びがありますが、一つひとつが独立している訳ではなく、それぞれの分野が密接に関わりあって世の中が成り立っています。

自動車の分野はサッカーの分野とまったく関りないかというとそうではなく、自動車メーカーのスポンサーとしてサッカー選手が起用されています。

苦手な分野に取り組む場合、自分の得意とする分野との関連を見つけると興味が沸いてきます。

ファッションに興味がまったくない人でも、経済に興味がある人であれば、ファッション業界がどれだけ経済効果を生み出しているのか、という視点を持つとファッションに興味を持つことができます。

苦手な分野に取り組む時には、自分の得意な分野との関連を探してみて、興味を持った部分から勉強し始めると集中しやすくなります。

ポイント＆ワーク

【好きな分野から勉強を始める】好きな分野から始めると、まだ手を付けていない他の部分も着手したくなる

今後、勉強や仕事を始める時は、何から（好きな分野）始めますか？

［　　　　　　　　　　　　　　　　　　　　　］

【きりの悪い所で休憩する】問題を途中まで解いたところで休憩を挟むと、休憩後には半端になっているその問題を解いてしまいたくなり、すぐに取り掛かることができる

今後、どのようなタイミングで休憩をしますか？

［　　　　　　　　　　　　　　　　　　　　　］

【休憩中は頭を使わない】本や、ゲームや、スマホ操作は頭を使うので避け、体を動かして血流を良くする

今後、休憩中はどんな風に過ごしますか？

［　　　　］

【苦手な分野と得意な分野の関連を見つける】苦手な分野に取り組む時は、自分の得意な分野との関連を探して、興味を持った部分から勉強する

苦手な分野に関連付けさせられそうな、あなたの得意分野は何ですか？

［　　　　］

⑮ 年間450件の契約が取れた『営業マンのための集中法』

もう10年も前の話ですが、私は営業職を経験しています。研修講師として独立する前の一年間は、営業力を身に付けたいという思いと、今まで身に付けてきた対人スキルがどのくらい営業成績に反映させられるかという腕試しをしたかったので、一年間、営業職に携わりました。

配属されたのは「個人宅をアポなしで訪問する」そして「新規の契約を結ぶ」という、営業マンもあまり好まない業務内容でした。しかも業種はクリーニングの定期集配。ライバルがとても多い業種です。一年間はただただ数字を上げることだけに意識を集中し、対人スキルや営業スキルなどを学びながら必死に営業をしてきました。その結果、年間450件の新規契約を結ぶことに成功しました。

営業マンにとって大切な集中力を発揮する方法を4点お伝えします。

・営業エリアを絞る
・話を聴くことに集中する
・意識を自分よりお客様に向ける
・他の営業マンと比較しない

【営業エリアを絞る】

新規開拓の営業に限られた話になってしまうかもしれませんが、今日一日回るエリアを限定します。ここ！　と決めたら、その場所だけに集中して営業活動をします。
営業エリアを絞ることで次のようなメリットがあります。

・そのエリア特有のお客様の特色があり、そのエリアで有効な営業方法が見つかる可能性があります。

・「今日はこのエリア」と決めることで、一日の終わりが見えます。限られたエリアで数字を残すことに集中できます。エリアを絞らないと、終わりなき旅のような気持ちになり、集中力が途切れてしまいます。

・エリアが絞られていると、お客様や見込み客が絞られたエリアに集中し、何かあった時の対応がスムーズになります。

営業成績が思わしくない時には、あちこち回って何とか数字を残したくなります。その前向きな気持ちは大切ですが、集中力や効率のことを考えると、やはりエリアは絞ったほうが得策と言えます。

【話を聴くことに集中する】

私が営業職として数字を作れるようになってからは、成績が伸び悩んでいる営業所を回って数字の立て直しを図る業務を担当しました。

各営業所でたくさんの営業マンと接触しましたが、成績を残せる営業マンと残せない営業マンの決定的な違いを見つけました。

それは「話を聴くことに集中できているかどうか」です。

少し辛口になってしまいますが、営業成績が思わしくない営業マンは、総じて話を聴けない人です。

・相手の目を見て話を聴けない
・話を聴きながら腕時計を見たり関係ない所を見る
・相手の話を途中で遮る
・話を聴きながら手癖や足癖が出てしまう

これらは、お客様の話を聴く時にはタブーです。お客様は、自分の求めている商品やサービスの説明を聴いてくれない営業マンからは、モノは買わないのです。

売れる営業マンは、徹底してお客様の話を聴くことに集中します。100％集中して話を受け止めて、お客様が話し終えてから商品の提案や説明に入ります。

私のお客様は比較的主婦層が多かったのですが、同じエリアを何度も回り、雑談だけして帰ってくることを繰り返しました。主婦の悩みや世間話を聴いて回っていました。

人は、自分の話を聴いてくれる人には何でも話したくなります。何でも聴いてくれる人には信頼を寄せるようになります。

そして、信頼できる人からモノを買いたくなります。

【意識を自分よりお客様に向ける】

当たり前ですが、売れる営業マンはお客様のことを常に考えています。どうすればお客様に喜んでもらえるか、お客様が楽をできるか、お客様に楽しんでもらえるかを考えています。

意識が自分に向くと「今月はあと〇〇万円売らなくてはならないから、少し高い商品を提案しよう」とか「今日は早く帰りたいから、あのお客さんの訪問は明日にしよう」とか、お客様にとって嬉しくないことばかり思い浮かんでしまうのです。

営業マンも人間なので、100%お客様に意識や行動を向けることは困難かもしれませんが、「意識をお客様に向けることに集中できた分だけ、営業成績も上がる」ということは、常に意識しておいた方が良いでしょう。

【他の営業マンと比較しない】

ほとんどの会社では、営業職は売上順や利益順で順位を決められます。順位付けされることによって、営業マンは上位を目指して売上を上げてきます。

順位付けされると、どうしても意識が他の営業マンに向いてしまいます。意識が他の営業マンに向くと、「あいつは○○の方法で売上を上げている。俺も真似してみよう」「上の順位に行くにはあと売上が○○万必要だ」などと考えます。

これらの考えは、営業成績を伸ばすには逆効果です。

他の営業マンがうまくいっているやり方が、自分にとって最適な方法とは限らないし、順位を上げることはお客様にとってはまったく関係ないことです。

営業成績を伸ばすには、他の営業マンにではなく、自分自身と向き合います。

自分はどの方法で営業するのが得意なのか、自分はお客様のために何ができるのかに考えを集中させることが、営業成績を伸ばす大切な考え方です。

ポイント＆ワーク

【営業エリアを絞る】絞ったエリア特有の有効な営業方法が見つかったり、対応がスムーズにいったり、メリットが多大である

営業エリアを絞ることで、あなたの営業活動にプラスとなるのはどんなことですか？

【話を聴くことに集中する】話を聴いてくれる人には何でも話したくなり、何でも聴いてくれる人には信頼を寄せ、信頼できる人からモノを買いたくなる

これからお客様のお話を聴く時には、どんなことに注意し、お客様との信頼関係を築いていきますか？

「　　　　　」

【意識を自分よりお客様に向ける】常に、どうすればお客様に喜んでもらえるか、お客様が楽をできるか、お客様に楽しんでもらえるかを考える

意識をお客様に向けることで、これから変わっていきそうな行動はどんなことですか？

「　　　　　」

【他の営業マンと比較しない】他の営業マンに意識を向けるよりも、お客様に喜んでもらえることを集中して考える方が営業成績は遥かに伸びる

お客様に喜んでもらうために、あなたができる最大限のことはどんなことですか?

⑯ 27歳のど素人が社会人チームで渡り合えた『スポーツ上達法』

スポーツで結果を残すには、集中力は不可欠です。同レベルの人（チーム）ではもちろん、多少レベルの高い相手との対戦でも、接戦になった時には最後まで集中力を保った方が勝利を手にします。

私は趣味でバレーボールをしていますが、始めた年齢は27歳の時でした。周りはほぼ全員が学生の時からの経験者。まったくど素人の私は、もちろんついていけるはずがありません。

バレーボールを始めた当初は集中力に特化した研究は行っていなかったのですが、心理学やコーチングは勉強していたので、そのノウハウを生かしながら他の選手と渡り合えるように練習を積み重ねていき、素人の私が何とか経験者の人と同じ土俵でプレーできるまで成長しました。

そして、当時行っていた心理学を用いた練習法の多くは、集中力に強く関連する方法だと後から知ったのです。

経験者と渡り合えるまで成長できた練習方法や、今でも練習日に使っている集中力を発揮するためのノウハウから、誰にでもできるスポーツ上達法をお伝えします。

基本はリラックス、というのはスポーツを行う時でも基本となります。その上でさらにスポーツを行う時に有効な手段を４つご紹介します。

・楽しむ気持ちを忘れない
・失敗した直後に集中力を復活させる
・目標となる場所にピントを合わせる

・勝利や成功をイメージする

【楽しむ気持ちを忘れない】

一昔前までは、強いチームはスパルタ教育を受け、毎日のように監督に怒鳴られ、涙を拭いながら一生懸命頑張るのがステータスでした。しかし今はどうでしょう。甲子園や各スポーツの戦いをテレビなどで見ていると、選手が生き生きとし、目の前のスポーツを全力で楽しみながら取り組んでいる表情を目にする機会がずいぶん増えました。エラーをして監督から怒鳴られる場面を見る機会はかなり減ったように思います。それでいて、ひと昔前と比べてレベルは相当上がりました。

スパルタで鍛えられても、選手は成長します。しかし、そこには真の楽しさはなく、「怒られないため」「馬鹿にされないため」に頑張ってしまいます。

ここぞ！　という場面でエラーをするのは「怒られたくない」という雑念が浮かんだ時、集中しきれていない状態の時に出てしまうものです。

集中力は、楽しい時に発揮されます。目の前のスポーツを集中して楽しめている時に実力が一番発揮されます。

【失敗した直後に集中力を復活させる】

スポーツに失敗はつきものです。失点した時やプレーがうまくいかない時は多々あります。

失敗した時には「どうしてうまくいかなかったんだろう」とか、「実力不足なのかもしれない」と、自分を責めてしまいます。この状態は、目の前のプレーに集中できていない状態です。

失敗した時の反省は、自分を向上させるためにもちろん必要ですが、いつまでも引きずると、いつまでも集中できない状態が続いてしまいます。

失敗した時には、失敗した過去よりも、次のプレーをいかに上手に行うか、未来に集中します。

そして、失敗した時には気落ちして視線が下に向いてしまいますが、顔や視線を上に上げることで気持ちの切り替えも早く行うことができます。

眼は、脳と直結しています。「どうして失敗したんだろう」と自分と対話する時は下を向き、「どうしたらうまくいくだろう」と未来のことを想像する時には上を向きます。

視線の切り替えが、気持ちの切り替えのコツです。

【目標となる場所にピントを合わせる】

ほとんどのスポーツでは、目標とするポイントがあります。

サッカーで言えば、シュートをゴールのどの場所に打つか、野球で言えば、どの場所にボールを投げるか、卓球で言えばサーブをどの位置に打つか、などです。

スポーツに限らず、何にでも言えることなのですが、集中できていない時は視線が定まっていなかったり、対象となるものをぼーっと見ています。何となくテレビを見ている時は、今何が映っているかしっかり見ていないし、考え事をしながら読書している時は、文字にピントが合っていません。

プレーに集中するためには、対象となる場所にしっかりとピントを合わせます。ピントを合わせることで「自分は今からあの場所に投げるんだ」と、意識したプレーを行うことができるし、実際に命中率も高くなります。

ピントを合わせないプレーは、「目隠しをしたままのプレー」と類似しているのです。

【勝利や成功をイメージする】

よく、自己啓発の本などで「思考は現実になる」といったことが書かれています。

それが真実かどうかということはここでは触れませんが、スポーツにおいては成功をイメージすることで成功に結びつきやすいことは科学的に証明されています。

脳は「実際の経験」と「頭の中で鮮明に描いた想像上の経験」を区別するのが苦手で、頭でイメージしたことは、脳の中では実際に経験したこととして捉えるので、実際に体を動かすと、イメージしたことに似た動きになります。

一流のアスリートは皆イメージトレーニングをしています。

体操の内村航平選手は「イメージ力」がとても強いため驚異の身体能力を手にしていると言われているし、フィギュアスケートの羽生結弦選手の4回転ジャンプは、10時間以上のフライトの間、飛行機の中でずっと成功のイメージを繰り返したと言われています。

イメージは、自信を深めることに繋がるので緊張を和らげることもできます。大きな勝利にイメージは不可欠です。

ポイント＆ワーク

【楽しむ気持ちを忘れない】

目の前のスポーツを集中して楽しめている時に実力が一番発揮される

目の前のスポーツに集中して楽しむために、どんな工夫ができそうですか？

【失敗した後に集中力を切らしやすい】

失敗した時は、顔や視線を上に上げることで気持ちの切り替えを早く行うことができる

失敗した時、顔や視線を上げるために、視線の先には何が目に入るようにしますか？

【目標となる場所にピントを合わせる】

ピントを合わせないプレーは、「目隠しをしたままのプレー」と類似している

これから意識してピントを合わせる場面と、ピントを合わせる場所はどこですか？

【勝利や成功をイメージする】

イメージは、成功に結び付きやすく、また、自信が深まることで緊張も和らげることもできる

成功するために、これからどんなイメージを行いますか？

⑰ 言葉の使い方を変えるだけで行動が変わる

ここまで、集中力を向上させるべく、様々な方法を記述してきました。基本的な行動を復習してみましょう。

・15分の仮眠
・目を閉じて脳を休ませる
・楽しむ方法を考える
・終わったら自分にご褒美
・悩みを一旦横に置く
・ストレス解消法を見つける
・BGMや温度など、リラックスできる環境を作る

・有酸素運動や軽い運動を行う
・リラックスする
・鼻から深呼吸する
・姿勢を正す
・今という一瞬に意識を集中させる
・自分の意志ではどうにもならないことに意識を向けない
・好きになれる要素を見つけようとする意識を持つ
・時間をギリギリに設定する
・時間を細かく区切る
・達成できたら小さなご褒美を与える
・集中しやすい環境を多く組み合わせる

ざっと振り返ってみて、いかがでしょうか。
一つひとつを見てみると、どれも難しいことはありません。あとはそれを実践するだけです。

とは言え、これらを実行に移せるかどうかが、最も高いハードルではないでしょうか。

本書の最後に、行動に移せる自分に変容できる方法をお伝えします。

行動できる自分になるには「言葉の使い方」を変えることです。

よく「言葉の使い方で人生が変わる」などと言われます。確かに、マイナスな言葉ばかり使っていたら性格も暗くなって人生が暗くなりそうだし、プラスの言葉を使っていたら、明るい人生を送れそうです。

「言葉の使い方で人生が変わる」というと、精神論のようにも聞こえますが、これには根拠があります。

「プライミング効果」という心理学用語があります。

事前にあるものを見たり、聞いたりしておくと、別のことが思い出しやすくなったり、覚えやすくなったりすることです。

普段使う言葉もそれに当たり、その後の思考や行動に影響を与えます。

ひとつ質問します。

「オセロの石は何色と何色ですか?」

………白と黒ですね。

では、ひとつ想像していただきます。

「何でも良いので動物を思い浮かべてください」

……しまうまやパンダを思い浮かべた人が多いのではないでしょうか。

事前に考えたことや普段考えていること、または口にしていることは、事あるごとにそれが思考や現実に影響を与えます。

どうせ無理だ、といつも言っている人は、頑張れば乗り越えられることも、無理だと決めつけて乗り越えようとしなくなります。

お前が悪い、といつも言っている人は、自分が変われば好転するような事も、人のせいにして変わるチャンスを失います。

疲れた、といつも言っている人は、仕事が始まる前から疲れて体調が悪くなったり、元気になれそうな出来事も逆に疲れてしまいます。


行動に移せる自分に変容するためには、まずは行動できそうな言葉遣いから始めます。


「俺はできる」

「やってやれないことはない」

「なんとかなる」

「まずはやってみよう」

「できる方法があるはずだ」

「やってから考えよう」

「手がけてみよう」


これらの言葉を多用します。

今までの思考を変えるのは難しいですが、深く考えずに言葉を変えるだけなら今日からできます。

そして、これらの言葉が口癖になれば、必ず行動に移せる自分になるはずです。

集中力を高める行動ができるようになった時、数々の自己実現を果たせる自分へと生まれ変わっていることでしょう。

ポイント＆ワーク

行動に移せる自分に変容するためには、行動できそうな言葉遣いから始める

今日から「行動に移せる自分」になるために、どんな言葉を発信しますか？

あとがき

かつて私自身がそうだったのですが、集中力が続かない時や、やる気が起きない時は、「自分はダメな人間だ」と責めてしまっていました。きっとこの本を手に取ってくれた多くの方も、似たような経験があるのではないでしょうか。

集中力が続かないのは、決してダメな人間なのではなく、集中力を身に付けるコツに出会っていなかっただけです。

この本が、集中力を高める出会いの一冊になっていただけると本望です。

人の可能性は無限大です。無限大の可能性を引き出す鍵が集中力だと確信しています。皆様の奥底に眠っている、無限の可能性を引き出せるきっかけとなりますように……。

この場をお借りしまして、私に集中力に関するノウハウやマインドを植え付けてくださった、株式会社集中力代表取締役、森健次朗先生に心よりお礼申し上げます。森先生との出会いによって、集中してこの本を執筆する力を身に付けることができました。

本書の執筆にあたりまして、エイチエス株式会社の斉藤和則専務には大変お世話になりました。斉藤専務のお力添えがなければこの本の出版がありませんでした。集中力の大切さと素晴らしさを世に広められるきっかけをいただけたことに、心より感謝申し上げます。

最後に、読者の皆様に心よりお礼申し上げます。最後まで読んでいただけたことに嬉しい思いでいっぱいです。

またいつか、書籍やコラムなどを通しての再会、または講演会や研修などで実際にお会いできる機会があるかもしれません。その日を心より楽しみに、これからも集中力を世に広めるべく活動を進めて参ります。

二〇一七年　某日　　上前拓也

著者プロフィール

上前《かみまえ》 拓也《たくや》

1975年11月10日生まれ 蠍座 A型

合同会社友歩 代表
日本実務能力開発協会 理事長

・一般社団法人日本集中力育成協会認定 集中力トレーナー
・日本プロフェッショナルキャリアカウンセリング協会認定 エグゼクティブコーチ

【経歴】

1975年 北海道小樽市生まれ 幼少期から学生時代までは北海道釧路市で過ごす
1996年 国立釧路工業高等専門学校（釧路高専）機械工学科卒業、社会福祉法人を母体とする企業にてシステム開発・新入社員研修・社員教育等、多くの業務に携わる
2008年 営業職で心理学やコミュニケーション学を用い、12ヶ月連続新規開拓成績、トップの成績を残す（年間新規契約件数450軒）
2009年 合同会社友歩設立 研修講師・講演活動等、幅広く活動
2011年 日本実務能力開発協会設立 コーチの育成を行う（2017年現在650名のコーチを輩出）
2012年 書籍「幸せに生きる人の考え方・歩み方 ～自分も周りも幸せに生きる55の方法～」出版
2014年 対談CD「夢を叶える語りあげ ど・らいぶ ～幸せに生きる7つの法則～」出版
2015年 書籍「あなたの可能性を最大限に引き出す！ 心理テクニック」出版
2016年 コーチの活動と並行して研究を重ねてきた「集中力」に関する講演活動や研修を行う

国内大手の障がい者授産施設を母体とした企業に勤務する傍ら、2005年よりインターネットを中心としたカウンセリングやライブトーク活動などを行なう。
2009年会社設立。人材育成などの研修・講演、コーチの育成などに携わると同時に、人の持つ可能性を最大限に引き出すべく「集中力」に関する研究を行う。
現在は集中力の向上を題材とした講演活動や企業研修等を行っている。

【集中力研修北海道】
http://s-hkd.com

【集中力を高める本】

初刷 ―― 二〇一八年一月三十一日
著者 ―― 上前拓也
発行者 ―― 斉藤隆幸
発行所 ―― エイチエス株式会社 HS Co., LTD.
064-0822
札幌市中央区北2条西20丁目1-12佐々木ビル
phone : 011.792.7130 fax : 011.613.3700
e-mail : info@hs-prj.jp URL : www.hs-prj.jp
印刷・製本 ―― モリモト印刷株式会社
乱丁・落丁はお取替えします。

ISBN978-4-903707-79-2